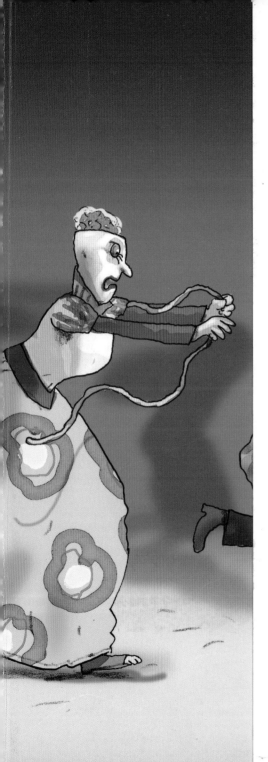

rekken

duizelen
Het lijkt of de dingen om je heen draaien. Je valt er haast van om.

kandelaar

mantel

dolk

Dirk Nielandt

De griezelwinkel

met tekeningen van
Mark Janssen

Op de cd staat een korte leesinstructie bij dit boek.
Daarna leest de auteur het eerste hoofdstuk voor.
Kijk op de cd welk nummer bij dit boek hoort.

Achter in het boek zijn leestips opgenomen voor ouders.

LEES_NVEAU

	ME	ME	ME	ME	ME		
AVI	S	3	4	5	6	7	P
CLIB	S	3	4	5	6	7	8	P

griezelen

Toegekend door Cito i.s.m. KPC Groep

1e druk 2009

ISBN 978.90.487.0391.3
NUR 286/282

© 2009 Tekst: Dirk Nielandt
Illustraties: Mark Janssen
Leestips: Marion van der Meulen
Vormgeving: Natascha Frensch
Typografie Read Regular: copyright © Natascha Frensch 2001 – 2006
Uitgeverij Zwijsen B.V., Tilburg

Voor België: Uitgeverij Zwijsen.be, Antwerpen
D/2009/1919/293

Inhoud

1. Een nieuwe broek

Aldo stormt de keuken binnen.
'Ik ga naar Rik,' zegt hij tegen mam.
'We gaan zwemmen.
Doei.'
'Ho even,' roept mam streng.
Ze gaat voor de deur staan.
Aldo kijkt haar verbaasd aan.
'Wij gingen naar de stad,' zegt ze.
'We gingen een broek voor je kopen.'
Aldo kijkt haar zielig aan.
'Nee hè, mam?' klaagt hij.

Aldo heeft een hekel aan winkelen.
Hij vindt kleren passen saai.
Hij wil niet naar de stad.

'Toe nou, mam,' smeekt hij.
'Rik wacht op me om te gaan zwemmen.'
Maar mam schudt haar hoofd.
'Wij hadden een afspraak,' zegt ze.
'Je hebt een nieuwe broek nodig.'
'Niet waar,' zegt Aldo.
'Wel,' zegt mam.
'Ik heb toch nog die groene en die blauwe?'
'Die groene is te klein.

De blauwe is versleten.
De zwarte is gescheurd.'
Aldo zucht.
Hij begrijpt dat mam niet zal toegeven.
Daar gaat zijn middag zwemmen.

Ze fietsen naar de stad.
Aldo kijkt sip.
'Wie weet wordt winkelen toch leuk,' zegt mam.
'Wie weet wordt het een groot avontuur.'
Wat een onzin, denkt Aldo.
Winkelen is saai.

Even later lopen ze door de stad.
Een uur later heeft hij nog geen broek.
Ze zijn al in drie winkels geweest.
Aldo baalt.
Als het aan hem lag, had hij allang een broek.
Maar mam doet moeilijk.
Dan vindt ze de broek te duur.
Dan vindt ze de stof slecht.
Dan is het een foute kleur.
'Een broek is een broek,' klaagt Aldo.
Maar mam denkt er anders over.

Ze lopen tussen de **rekken**.
Het **duizelt** Aldo van al die gangen met kleren.
Er lijkt geen eind aan te komen.

Broeken, hemden, jassen.

Wie koopt toch al die kleren?

Kleren, kleren en nog eens kleren.

Hij kijkt rond.

Waar is mam?

'Mam?' zegt hij.

Hij ziet haar opeens nergens meer.

Waar is ze heen?

Aldo loopt tussen de **rekken**.

Hij kijkt overal.

Mam is nergens meer te zien.

Zou ze iets voor zichzelf uitkiezen?

Een nieuwe bloes of een jurk?

Aldo loopt tussen de kleding voor dames.

'Mam?' roept hij.

Dan ziet hij haar een pashokje ingaan.

'Hé mam!' roept hij.

Ze hoort hem niet.

Hij rent naar het pashokje.

Hij duwt de deur van het hokje open.

'Mam?'

Er staat een vrouw in haar ondergoed.

Het is mam niet.

'Wat moet jij!' gilt ze.

Aldo gaat snel weg.

Hij schaamt zich dood.

Opeens tikt er iemand op zijn rug.
Aldo schrikt.
Hij draait zich om en ...

2. Een droom?

Het is mam.
'Waar was je?' vraagt ze.
'Gewoon hier,' zegt Aldo.
Over mams arm hangen drie broeken.
'Ga deze maar passen,' zegt ze.
Ze geeft hem de broeken.
Aldo zucht.

Hij gaat een leeg pashokje binnen.
De deur valt dicht.
Het wordt heel stil.
Hij trekt snel zijn schoenen en broek uit.
Hij trekt een nieuwe broek aan.
Te groot.
Snel de andere.
Te klein.
Snel de laatste broek.
Die past.
Aldo stapt uit het pashokje.
'Deze broek wordt het, mam!' zegt hij.
Maar mam staat er niet meer.
Hij kijkt verbaasd de winkel rond.
Wat gebeurt hier?

Aldo gelooft zijn ogen niet.

De winkel ziet er opeens helemaal anders uit.
De lichten zijn uit.
Er staan kaarsen in grote **kandelaars**.
De vlammen werpen schaduwen op de muur.
Het ziet er eng uit.

De kleren in de **rekken** zijn ook anders.
Er hangen geen gewone broeken meer.
Er hangen zwarte **mantels** en paarse jurken.
Aan de muur hangen messen en **dolken**.
Er staat een paspop, maar dat is een geraamte.

Er lopen ook veel vreemde figuren rond.
Iedereen is verkleed.
Er winkelt een vampier.
Het bloed druipt van zijn tanden.
Een griezel met één been grijnst naar hem.
De man heeft geen tanden, maar zwarte stompjes.
Er loopt iemand met een mes tussen zijn ribben.
Er is ook iemand zonder hoofd.

Aldo weet niet waar hij eerst moet kijken.
Hoe hebben ze dit gedaan?
Een hele winkel in vijf minuten ombouwen?
Dat kan toch niet.
Ik droom, denkt hij.
Straks word ik thuis wakker in mijn bed ...

'Kan ik je helpen?' vraagt een meisje.

Aldo draait zich om en schrikt.

Er staat een meisje.

Maar het is geen gewoon meisje.

Haar linkeroog hangt op haar wang.

Haar gezicht zit vol vuile vegen.

Op haar jurk zit bloed.

Ze heeft een groot mes in haar hand.

Ze kijkt hem vals aan.

3. Moorderik

'Is ... is dit een droom?' stamelt Aldo.
Het meisje grijnst.
Ze steekt haar mes naar voren.
'Voel eens aan het puntje van mijn mes.'
Aldo drukt met zijn vinger tegen het mes.
'Auw!'
Het mes is vlijmscherp.
Het doet pijn.
Een druppel bloed spat op de grond.
Ik droom niet, denkt Aldo.
Dit gebeurt echt.

Het meisje kijkt hem aan.
'Ik heet Zeiska,' zegt ze.
'Waar ben ik?' vraagt Aldo.
'Weet je dat niet?'
Aldo schudt nee.
'Ben je hier nieuw?' vraagt ze.
'Ja,' antwoordt Aldo.
'Je bent in Moorderik,' zegt ze koel.
'Moorderik?' vraagt Aldo verbaasd.
Ze knikt en zegt: 'Je hebt de poort naar Moorderik
genomen.'
'Welke poort?
Ik heb geen poort gezien,' zegt Aldo.

'Natuurlijk niet,' zegt Zeiska.

'De poort is onzichtbaar.

Hij verandert ook elke dag van plaats.'

Aldo krijgt het er koud van.

Waar is hij nu?

Wat een enge plek.

'Hoe kom ik weer thuis?' vraagt hij.

Zeiska schudt haar hoofd.

'Je moet de poort weer vinden.

Je hebt de tijd tot het donker is.'

'Wat gebeurt er als het donker is?' vraagt Aldo bang.

'Dan kom je hier nooit meer weg.

Dan blijf je voor eeuwig in Moorderik.

Dan ben je voor altijd verloren.'

Aldo schrikt.

Dat kan toch niet waar zijn?

Hij wordt nu echt bang.

'Wat ... wat is dit voor een vreemde plek?'

Zeiska kijkt hem grijnzend aan.

'In Moorderik word je elke dag vermoord.

Toch sterf je hier nooit.'

'Je maakt een grapje,' zegt Aldo bang.

Zeiska lacht niet.

Ze kijkt hem met een koude blik aan.

Iedereen in de winkel kijkt naar hem.

'Vers bloed!' roept Zeiska luid.

Opeens staan er wel tien griezels om hem heen.

De man zonder hoofd staat erbij.

Een vrouw met een zwaard in haar buik.

Een man van wie zijn ribben uit zijn borst steken.

Ze grommen naar Aldo.

Hij ziet een mes blinken.

Er zwaait iemand mee.

Het mes zwaait zijn kant op ...

4. Vluchten

Weg hier, denkt Aldo.
Hij zet het op een lopen.
Hij duwt de troep griezels opzij en rent weg.
Hij rent tussen de rekken met wapens door.
Er hangen **dolken** en zwaarden.
Wat een plek, denkt hij.

Opeens springt er iemand voor hem.
Aldo schrikt.
Een vampier **verspert** hem **de weg**.
De vampier doet zijn wijde **mantel** open.
Hij lacht zijn scherpe tanden bloot.
Aldo pakt een **kandelaar**.
Hij zwaait wild met de kaars.
De **mantel** van de vampier staat in brand.
De griezel vlucht gillend naar buiten.

Aldo volgt hem naar buiten.
Hèhè, eindelijk frisse lucht.
Aldo haalt diep adem.
Maar dan kijkt hij bang rond.
Dit is geen gewone straat.
Het is een griezelstraat.
Er lopen allemaal enge figuren.
Er kruipt een man zonder armen over de grond.

Een vrouw met rode ogen staart hem boos aan.
Een man met een bijl komt op hem af.

Iedereen kijkt naar hem.
Waarom kijken ze zo? vraagt Aldo zich af.
Plots snapt hij dat hij hier opvalt.
Iedereen is hier een griezel, behalve hij.
De man met de bijl komt dichterbij.
Vluchten! denkt Aldo.
Hij wil wegrennen, maar iemand houdt hem tegen.
De vampier!

5. De vampier

De vampier grijpt Aldo beet.
'Hebbes,' sist hij boos.
Zijn rode ogen kijken Aldo boos aan.
Zijn mantel is half verbrand.
Hij stinkt naar het vuur.
Aldo kan niet ontsnappen.
'Als het donker is, drink ik je bloed.
Lekker vers bloed,' lacht de vampier.
Wat een enge droom, denkt Aldo.

De andere griezels trekken aan de mantel van de
vampier.
Ze willen hem allemaal vastpakken.
'Ga weg,' sist de vampier.
Hij laat zijn scherpe tanden zien.
De andere griezels vluchten weg.
Ze zijn bang voor hem.

'Laat me los,' schreeuwt Aldo.
Hij schopt en trekt.
Hij probeert te ontsnappen.
Maar de vampier houdt hem stevig vast.
'Zet vluchten maar uit je hoofd.
Je komt hier nooit meer weg.'
Aldo luistert niet.

'Laat me gaan,' roept hij boos.
'Straks wordt het donker,' zegt de vampier.
'Dan sluit je poort zich voor altijd.
Dan kom je hier nooit meer weg.'

De poort naar huis!
Die is natuurlijk in het pashokje, denkt Aldo.
Ik had niet naar buiten moeten rennen.
Ik had naar het pashokje moeten rennen.
Ik moet terug naar het pashokje.
Voor het donker is!
Dat is de enige manier om hier weg te komen.

Hij stampt op de voet van de vampier.
'Denk je dat dat pijn doet?' vraagt de vampier.
Aldo stampt nog een keer.
Zo hard hij kan.
De vampier kijkt hem verbaasd aan.
'Je kunt mij geen pijn doen,' zegt hij.
'In Moorderik bestaat geen pijn.
Je kunt hier niet sterven, alleen maar moorden.'

Hij sleurt Aldo aan zijn kraag mee.
'Laat me los,' roept Aldo boos.
Hij spartelt uit alle macht tegen.
Het helpt niets.
'Waar breng je me heen?' vraagt Aldo.
'Naar mijn graf.

Ik woon in een knus graf.
Tussen de botten en **schedels**.'

Aldo geeft niet op.
Hij trekt en spartelt tegen.
De vampier houdt hem stevig beet.
Aldo probeert zich los te trekken.
Opeens kietelt hij de vampier onder zijn arm.
Toevallig eigenlijk.
Het was niet eens Aldo's bedoeling.

De vampier laat hem meteen los.
Vol afschuw kijkt hij naar Aldo.
'Wat doe je nou?' sist hij boos.
'Niets,' stamelt Aldo verbaasd.
'Ik kietelde je alleen maar.'
De vampier deinst bang achteruit.
'Niet kietelen,' zegt hij smekend.
'Kun je daar niet tegen?' vraagt Aldo.
'In Moorderik kunnen we niet tegen lachen.
Lachen maakt ons bang.'

Aldo begrijpt het niet.
'Waarom ben je bang voor lachen?'
'Omdat het een leuk gevoel geeft.
Daar kunnen we niet tegen.'
Dat is goed om te weten, denkt Aldo.
Ik moet hen laten lachen.

Aldo kijkt naar de lucht.

Het wordt al donker.

Aldo heeft geen tijd meer te verliezen.

Straks sluit de poort naar huis.

Dan zit hij voor altijd vast in Moorderik ...

6. Terug naar de poort

Aldo rent terug naar de winkel.
Hij heeft nu een wapen tegen de griezels.
Hij moet hen laten lachen.
Daar kunnen ze niet tegen.

De griezels in de straat kijken hem na.
De man met de bijl ziet zijn kans schoon.
Hij rent achter Aldo aan.
Hij wil Aldo pakken.
Aldo stopt en trekt een heel gekke bek.
Hij kijkt scheel en steekt zijn tong uit.
De man met de bijl schiet in de lach.
Dan rent hij gillend van schrik weg.
Aldo lacht.

Hij rent zo snel als hij kan naar de winkel.
Hij duwt tegen de winkeldeur.
De deur is op slot.
Hij duwt harder, maar krijgt hem niet open.
Aldo beukt met zijn vuist op de deur.
'Doe open!' roept hij.
'Laat me erin!'
Hij moet binnen zien te komen.
Daar is de poort naar huis.

Aldo kijkt of er een andere deur is.
Hij rent de steeg naast de winkel in.
Het is er donker en het stinkt er.
Ratten eten uit de afvalbak.
Aldo ziet een deur naar de winkel.
Hij grijpt de **klink** vast.
Ook die deur is op slot.

Aldo kijkt omhoog.
Daar ziet hij een raam open staan.
Door dat raam kan hij naar binnen.
Aldo schuift een afvalbak onder het raam.
De ratten vluchten boos weg.
Dan klimt hij op de bak.
Hij gaat op zijn tenen staan.
Hij strekt zijn arm zo ver mogelijk uit.
Hij komt net bij het raam.
Hij moet nog iets hoger en ...

Opeens schuift de bak onder zijn voeten weg.
De bak valt om en Aldo valt naar beneden.
Alle troep valt uit de bak.
Aldo valt er middenin.
Hij zit onder het afval.
Het is vies en stinkt.
De ratten komen op het afval af.
Ze lopen over zijn buik.
Bah!

Aldo staat snel op.

De avond valt.

Straks is het donker.

Hij moet in de winkel zien te komen.

Het pashokje is de enige weg naar huis.

Straks is het te laat.

Aldo zet de afvalbak weer recht.

Zijn handen zijn vies.

Hij wil weer op de bak kruipen.

Maar een hand grijpt hem vast.

Het is de man met de bijl ...

7. Gevangen

De man met de bijl grijpt Aldo beet.
Hij tilt zijn bijl op.
Hij wil Aldo vermoorden.
'Wacht!' roept Aldo.
De man kijkt hem verbaasd aan.
'Wat is rood met blauwe strepen?' vraagt Aldo.
De man haalt zijn schouders op.
Weet hij veel!
'Een tomaat met blauwe bretels,' lacht Aldo.
De man kijkt Aldo bang aan.
Dan begint hij te lachen.
Hij laat zijn bijl op de grond vallen.
Hij vlucht lachend weg.

'Leuke mop, hè?' roept Aldo hem na.
Maar de man antwoordt niet.
Hij rent weg en kijkt niet meer om.
Aldo grijnst tevreden.
In Moorderik kan niemand tegen lachen.
Dus met een mop jaag je iedereen weg.
Haha!

Aldo pakt de bijl.
Hier kan hij de deur mee inslaan.
Maar dan komt er weer zo'n engerd lastig doen.
Het is een vrouw met een half hoofd.

De bovenste helft van haar **schedel** is weg.
Je ziet de hersens liggen.
Ook haar oren zijn weg.
Bah!
Wat wil ze van mij? denkt Aldo.

Ze heeft een touw vast.
Ze grijpt zijn pols beet.
'Laat me los,' roept Aldo.
Maar de vrouw bindt zijn handen vast.
'Het toppunt van snelheid?' vraagt Aldo.
De vrouw reageert niet.
'Wat is het toppunt van snelheid?
Een slak die uit de bocht vliegt!'
Aldo lacht, maar de vrouw niet.
'Heb je me gehoord?' roept Aldo.
'Dat was een mop.
Waarom lach je niet?'
Dan snapt hij waarom: ze heeft geen oren.
Ze kan de mop niet horen.

Aldo begint gekke bekken te trekken.
Maar de vrouw kijkt hem niet aan.
Ze bindt hem aan een paal vast.
Aldo wil haar kietelen.
Maar zijn handen zijn vastgebonden.
Hij kan geen kant op.
De vrouw heeft hem in haar macht.

Ondertussen wordt het donker.

De zon zakt achter de huizen weg.

Aldo heeft niet veel tijd meer.

Straks is zijn kans verkeken.

Dan moet hij voor altijd op deze plek blijven.

Maar hij kan niet weg.

Hij zit in de val.

Niets kan hem nog redden ...

8. Zeiska

Het touw zit strak om zijn polsen.
Dat doet pijn.
De vrouw met het halve hoofd staat daar maar.
Ze beweegt niet.

'Ze wacht tot het donker is,' zegt Zeiska.
Aldo schrikt.
Hij had haar niet zien aankomen.
'Waar wacht ze op?' vraagt hij.
'Ze wacht totdat ze je kan doden.'
'Waarom vermoordt ze me nu niet?'
'Omdat je dan sterft,' legt Zeiska uit.
'Zodra het donker is niet meer.
Dan ben je een bewoner van Moorderik.
Die sterven nooit.'

De zon zakt nog dieper weg.
Het daglicht verdwijnt.
Aldo is wanhopig.
'Hoe ben jij hier gekomen?' vraagt hij.
Zeiska kijkt hem treurig aan.
'Ik speelde in de duinen met mijn broer.
Ik zocht een plek om me te verstoppen.
Ik zag een hoge duin met struiken.
Ik verstopte me tussen de struiken.

Toen zag ik een put in het zand.
Ik ging in de put zitten.
Dat was de poort naar Moorderik.
Ik kwam hier terecht.
De poort naar huis kon ik niet meer vinden.
Het werd donker.
Toen was het te laat voor mij.'

Arme Zeiska, denkt Aldo.
Straks is het voor hem ook te laat.
'Zou je terug naar huis willen?' vraagt hij.
Zeiska kijkt hem verbaasd aan.
'Daar denk ik nooit aan,' zegt ze.
'Mis je je broer en je ouders niet?'
Zeiska kijkt nu nog droeviger.
'Soms wel,' zegt ze.
'Maak me dan los,' zegt Aldo.
'Bevrijd me.
Ga met me mee naar huis.
Door de poort in het pashokje.'
Zeiska schudt droevig haar hoofd.
'Ik kan nooit meer terug,' zegt ze.
'Mijn poort is al lang dicht.'

Ik heb nog een kans, denkt Aldo.
Hij kijkt naar de lucht.
Het wordt donker.
Veel tijd heeft hij niet meer.

'Maak me los,' smeekt hij.
'Geef me een kans om hier te vertrekken.'
Zeiska schudt haar hoofd.
'Dat kan ik niet,' zegt ze.

De vrouw met het halve hoofd wordt boos.
'**Scheer je weg!**' roept ze tegen Zeiska.
'Hij is van mij.
Ik mag hem doden als het donker is.'
Zeiska wordt nu ook boos.
Ze pakt haar mes en zwaait ermee.
De vrouw deinst achteruit.
Het mes raakt Aldo.
'Au!' roept hij.
Bloed spat op de grond ...

9. Te laat

Aldo is door het mes geraakt.
Hij bloedt.
Het doet pijn.
Zeiska en de vrouw vechten met elkaar.

Wat gek, denkt Aldo.
De touwen zitten niet meer zo strak.
Hij voelt aan zijn handen en schrikt.
Het touw is los!
Nu ziet hij het.
Zeiska heeft het touw los gesneden.
Dat deed ze toen ze met het mes zwaaide.
Per ongeluk.

Hij ziet een snee in zijn hand.
Daar werd hij door het mes geraakt.
Daar komt het bloed vandaan.
Het is gelukkig geen diepe snee.

Aldo trekt de touwen verder los.
Vrij!
Hij is vrij!
Niemand die het ziet.
Aldo ziet zijn kans schoon.
Hij sluipt stil weg.

Hij raapt de bijl van de grond op.
Dan gaat hij voor de deur van de winkel staan.
Hij moet zich nu echt haasten.
De zon is al bijna helemaal weg.
Hij tilt de hakbijl op en slaat op de deur.

Er springen splinters af.
Aldo slaat en slaat en slaat.
Hij slaat de deur helemaal kapot.
Eindelijk gaat de deur open ...

Aldo gaat snel naar binnen.
Zeiska heeft het gezien.
Ze volgt hem met haar mes.

De winkel is donker.
Er branden geen kaarsen meer.
Het laatste zonlicht schijnt naar binnen.
Het is nog maar heel zwak.

Aldo rent door de winkel.
Opeens ziet hij de rij pashokjes.
Een lange rij hokjes met deuren.
Wat was zijn hokje ook weer?
Dat is hij vergeten.
Achter één van die deuren ligt de poort.
Zijn weg naar huis ...

Aldo gaat naar het eerste pashokje.
Niets.
Hij gaat naar het tweede hokje.
Ook niets.
Hij loopt de hele rij met hokjes af.
Niets.

Dan blijft er nog één pashokje over.
Dat moet de poort naar huis zijn.
Het kan niet anders.
Snel zijn, denkt Aldo.
De zon is bijna helemaal weg.
Hij wil in het hokje stappen.
Maar Zeiska houdt hem tegen.
Ze laat hem niet door ...
Ze dreigt met haar mes ...

10. Donker

Zeiska houdt haar mes omhoog.
Ze bedreigt Aldo.
'De zon is bijna weg,' zegt ze.
'Dan kun je hier nooit meer weg.'
Aldo kietelt onder haar arm.
Ze lacht en laat het mes vallen.
'**Scheer je weg**,' zegt Aldo.
'Anders kietel ik je nog veel meer!'
Zeiska schrikt en vlucht weg.
Eindelijk, denkt Aldo.

De laatste zonnestraal schijnt naar binnen.
Hij stapt in het pashokje.
Het wordt stil.
Er gebeurt niets.
Het is er helemaal donker.
Help, denkt Aldo.
Ben ik te laat?
Moet ik nu altijd in Moorderik blijven?

Aldo wacht en wacht.
Er gebeurt niets.
Hij zucht.
'Waar blijf je?' vraagt een stem in de winkel.
Die stem?

Dat lijkt mams stem.

Aldo stapt uit het hokje en ...

Daar staat mam!

De winkel ziet er gewoon als een winkel uit.

Geen griezels.

Geen Zeiska of vampier.

Gewoon een winkel met gewone mensen.

Hij is thuis!

Hoera!

Aldo vliegt mam om de hals.

'Hèhè,' zucht hij.

'Wat ben ik blij om weer hier te zijn.'

Mam kijkt hem verbaasd aan.

'Ik dacht dat je winkelen saai vond,' zegt ze.

'Saai?' zegt Aldo luid.

'Zo'n spannend avontuur!

Dat heb ik nog nooit meegemaakt.'

Mam begrijpt er niets van.

'Dus je bent blij met je nieuwe broek?'

'Heel blij,' zegt Aldo.

Mam kijkt hem opeens vol afschuw aan.

'Die broek stinkt,' zegt ze.

'Het lijkt wel of er vuil op zit.'

Aldo ziet het nu ook.

Dat is het vuil uit Moorderik.

'En wat heb je daar op je hand?' vraagt mam.

Ze kijkt naar de schram op zijn hand.
Het bloedt niet meer.
'Heb je je in het pashokje gesneden?'
'Dat is een lang verhaal, mam.
Neem nooit de poort naar Moorderik!'
Mam kijkt hem verbaasd aan.
Ze begrijpt niet wat hij bedoelt.
Ze vindt dat hij raar doet.

'Voel je je wel lekker?' vraagt ze.
'Ik voel me reuze lekker,' zegt Aldo.
Hij schiet in de lach.
'Wat heerlijk om te lachen,' zegt hij.
'Wat leuk dat het hier gewoon kan!'
Mam kijkt hem bezorgd aan.
Ze snapt er niets van.
'**Neem** je me **in de maling**?' vraagt ze.
'Ken je het toppunt van snelheid?' vraagt hij.
Mam schudt haar hoofd.
'Een slak die uit de bocht vliegt!'
Aldo moet hard lachen.
Alsof het de leukste mop is die er bestaat.

Mam zucht en schudt weer met haar hoofd.
Ze besluit het maar zo te laten.
'Trek die vuile broek uit,' zegt ze.
'En trek je oude broek weer aan.
Die is tenminste schoon.'

'Nee,' zegt Aldo.

'Ik wil deze broek en geen andere.

Het is een leuke broek.

Hij past goed.'

Mam zucht.

Dan koopt ze de broek maar.

Ze krijgt zelfs korting aan de kassa.

Omdat de broek vuil is en stinkt.

Aldo is blij om weer thuis te zijn.

Blij met zijn nieuwe broek.

Blij dat hij weer mag lachen.

Blij dat dit avontuur goed is afgelopen ...

Lees ook de andere boeken uit deze serie.
Al deze boeken zijn ook als meelees- en
luisterboek verkrijgbaar.
Kijk voor meer informatie op *www.zwijsen.nl*

Serie 1

Bas redt het bos	*Monique van der Zanden*
Dat geld is voor mij!	*Riet Wille*
De brief in de fles	*Vivian den Hollander*
Draak in de hut	*Henk van Kerkwijk*
IJs	*Lieneke Dijkzeul*
Jacht op de Eindbaas	*Hans Kuyper*
Mijn beste vriend is een vuile rat	*Tais Teng*
Stomme oen!	*Selma Noort*

Serie 2

Alle ballen op Joerie!	*Hans Kuyper*
Dat moet ik zien!	*Selma Noort*
Een duik in het diepe	*Peter Vervloed*
Een tien voor taal?	*Henk Hokke*
Frank en Stijn lossen het op	*Annemarie Bon*
Help, pap is weg!	*Monique van der Zanden*
Het griezelfeest	*Dirk Nielandt*
Wie bouwt de mooiste hut?	*Vivian den Hollander*

Serie 3

1+1 = zeven	*Elisabeth Mollema*
De gesprongen snaar	*Els Hoebrechts*
Een rare agent	*Anke Kranendonk*
Een vreemd hotel	*Joke de Jonge*
Spook te koop	*Henk van Kerkwijk*
Wat zullen ze opkijken!	*Anneke Scholtens*
Wie kies je, Marijn?	*Lorna Minkman*
Wie wordt de winnaar?	*Peter Vervloed*

Serie 4

Brugpiepers	*Lorna Minkman*
De laatste trein	*Bies van Ede*
De tas	*Dirk Nielandt*
Een schat van een dief	*Anton van der Kolk*
En de winnaar is ...	*Elisabeth Mollema*
Het raadsel van de rode ruit	*Monique van der Zanden*
Superheld!	*Trude de Jong*
Vreemde smokkelaars	*Christel van Bourgondië*

Serie 5

Iedereen kijkt altijd zo!	*Anneke Scholtens*
Geklop op de muur	*Christel van Bourgondië*
Ontsnapt per ballon!	*Monique van der Zanden*
Bakker Boef	*Berdie Bartels*
De griezelwinkel	*Dirk Nielandt*
Witte Wolf	*Kristien Dieltiens*
Bang voor de buurvrouw	*Tamara Bos*
De verborgen kamer	*Bies van Ede*

Tips voor ouders

Gefeliciteerd!

Uw kind is dyslectisch en heeft dit boek uitgekozen om te gaan lezen. Dat is al een hele prestatie!

Want voor kinderen met dyslexie is lezen meestal niet leuk. Zij moeten veel meer en vaker oefenen om het lezen onder de knie te krijgen. En het lezen van boeken is voor hen moeilijker dan voor een gemiddelde lezer.

Wat kinderen met dyslexie helpt, is:

- **lezen, lezen en nog eens lezen!**

En dat is alleen maar leuk als ze:

- **leuke boeken lezen op een niveau dat voor hen geschikt is;**
- **mensen om zich heen hebben die begrip hebben voor hen.**

U, als ouders of begeleiders, kunt deze kinderen helpen door:

* **veel leuke verhalen voor te lezen;**
* **ze te laten luisteren naar luisterboeken (bijvoorbeeld de luister-cd's van Zoeklicht Dyslexie);**
* **het kind altijd aan te moedigen om te lezen en het kind te prijzen als het een boek aan het lezen is.**

Tip Een dik boek lezen is meestal te hoog gegrepen. Lezen in (kinder)tijdschriften is vaak een aantrekkelijk alternatief voor boeken.

Hoe werkt Zoeklicht Dyslexie?

1. Luister naar de introductie-cd en bekijk de eerste bladzijden van het boek. Op de cd worden de hoofdpersonen voorgesteld en worden de moeilijke woorden uit het verhaal voorgelezen.

2. Luister naar het eerste stukje van het verhaal dat op de introductie-cd wordt voorgelezen. Je weet dan al een beetje hoe het verhaal gaat en als het spannend wordt, ga je zelf verder met lezen.

3. Ga het verhaal nu lezen. Als je vetgedrukte woorden tegenkomt, weet je dat dat een moeilijk woord is dat op de flap staat. Blijven deze woorden heel moeilijk, luister dan nog een keer naar het eerste stukje van de introductie-cd waarop ze worden voorgelezen.

4. Alle boeken uit de serie Zoeklicht Dyslexie hebben een speciale letter voor dyslectische kinderen. Zo wordt het lezen nog fijner.

Weetje Als je leuke bladzijden in een boek een paar keer achter elkaar leest, kun je je leessnelheid verhogen.

Ook verkrijgbaar: Zoeklicht Dyslexie meelees- en luisterboeken

Op de meelees- en luister-cd's wordt het hele verhaal voorgelezen. Op de meelees-cd's gebeurt dat in een langzaam tempo zodat het kind het verhaal zelf mee kan lezen in het boek. Op deze manier wordt het lezen geoefend.
Op de luister-cd's wordt het hele verhaal door de schrijver voorgelezen. Heerlijk om je zonder inspanning te kunnen concentreren op de inhoud van het verhaal. Zo wordt het plezier in lezen behouden.

Naam: *Dirk Nielandt*
Ik woon met: *vrouw (Claudia) en dochter (Joni, 13 jaar) en zoon (Mees, 11 jaar).*
Dit doe ik het liefst: *lezen, zwemmen, joggen.*
Dit eet ik het liefst: *Italiaans.*
Het leukste boek vind ik: *'Pippi Langkous' van Astrid Lindgren.*
Mijn grootste wens is: *ooit in een wereld zonder oorlog en armoede te mogen leven.*

Naam: *Mark Janssen*
Ik woon met: *mijn vrouw die ook illustrator is en met mijn kinderen Sophie en Gilles in een huis van 110 jaar oud in Zuid-Limburg.*
Dit doe ik het liefst: *tekenen en op vakantie gaan en fietsen in de bergen.*
Dit eet ik het liefst: *Italiaans eten en een lekker kopje koffie. De koffie eet ik niet, maar drink ik.*
Het leukste boek vind ik: *'vuur van tuur'.*
Mijn grootste wens is: *heel gezond heel oud worden.*